CW01095422

Giacomo Costa fu Andrea (1836-1916)
olio su tela del figlio Giambattista (1858-1938)
174 x 124 cm

**Giacomo Costa**

# LA FAMIGLIA COSTA

da Andrea (1780)

ascendenti e discendenti

aggiornamento di Andrea Costa

Genova - giugno 2022

(edizione marzo 2023)

La foto della copertina mi era stata data
dall'Ing. Francesco Scotto.

Successivamente l'ho avuta dalla Fondazione Ansaldo,
che conserva l'Archivio Costa 1920-1980.

Le navi sono da sinistra: Bianca C., Anna C., e Federico C.

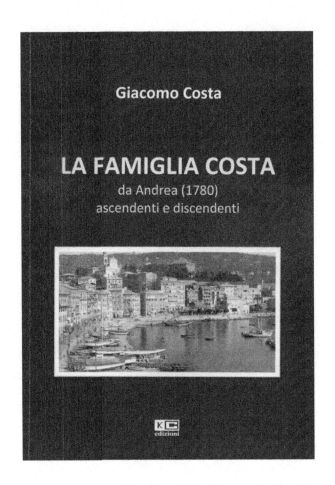

La prima edizione "moderna", di Giacomo fu Angelo, del 2015.

L'edizione "storica" di zio Andrea e zia Niccoli,
del 1943.

**Eugenio**
n. Rapallo 18-10-1861 † 29-12-1933 a Genova
sp. Antonietta De Ferrari fu Giuseppe
il 6-6-1893 in Genova nella Chiesa di S. Marta

**Federico**
20-9-1866 † 14-4-1923
sp. Bice De Ferrari fu Giuseppe
l' 8-6-1896 a Genova
nella Chiesa di S. Marta

Lo zio Andrea, quando le conosceva,
indicava anche le chiese dei matrimoni

_Andrea Costa_

307

_[signature]_

Chi mi ha preceduto e indicato la strada in
questo lavoro:
Andrea fu Eugenio (1901-1974)
Giacomo fu Angelo (1929-2021)

## INTRODUZIONE ALLA SECONDA EDIZIONE

Con grande umiltà, impegno e gioia ho raccolto il testimone di Giacomo, passatomi da Agnese, che ringrazio moltissImo per la fiducia, e ho aggiornato il suo lavoro che vedete nelle pagine che seguono.

Ho mantenuto tutto uguale tranne un piccolo accorgimento, un piccolo segno in corrispondenza di quei coniugi che ci hanno lasciato, per riconoscere quelli che non sono più con noi.

Spero che il lavoro sia apprezzato e mi auguro di pubblicare altre edizioni nel futuro.

Ringrazio tutti quanti di Voi si sono impegnati a fornirmi i dati aggiornati.

Oltre a Giacomo, vorrei qui ricordare lo zio Andrea e zia Niccoli, che avevano pubblicato il primo albero genealogico nel 1943, e anche la carissima Maria Ti, che mi ha trasmesso l'amore per le cose di famiglia, e che ricordo sempre con grande affetto.

C'è ancora una persona che va inserita a pieno diritto nel nostro elenco, Geronima Torretta, detta Mina, per tutti noi, *la Signo*.

Andrea fu Mario

Genova, 15 giugno 2022

## PRESENTAZIONE DELLA PRIMA EDIZIONE

Mi sono sempre interessato ai legami familiari, provando piacere a ricostruire o collocare anche nella nostra parentela discendenze e intrecci tra le persone e ora che ho più tempo ho cercato di aggiornare l'alberto genealogico che zio Andrea e zia Niccoli avevano compilato nel 1943 partendo dalla consultazione degli archivi della chiesa di S. Giacomo di Corte a Santa Margherita Ligure.

La consultazione di questo albero genealogico, il susseguirsi di tanti nomi e il formarsi di tanti legami mi hanno fatto entrare nella storia della mia famiglia, della quale mi sta a cuore sottolineare un particolare momento: il matrimonio di Giacomo, ultimo figlio di Andrea (1780), con Caterina Vignolo, vedova di Giuseppe suo fratello maggiore. I figli (8) che nasceranno da entrambi i matrimoni - cugini e fratelli contemporaneamente - si divideranno: una parte di essi si stabilirà in Sardegna per sviluppare il commercio dell'olio, mentre gli altri, rimasti in Liguria, si dedicheranno anche ad altre attività mantenendo, nella consuetudine del lavoro comune, i legami familiari.

Purtroppo di questo ramo sardo della famiglia - Giovanni Battista (1825) e Domenico (1829) - non mi è stato possibile aggiornare l'albero genealogico del 1943 per arrivare ai giorni nostri.

A me rimane la suggestione di questa collaborazione tra fratelli e cugini, che sotto certi aspetti si ripeterà tra i figli di Eugenio (1861) e i figli di Federico (1866), che la mia generazione e i nostri figli hanno sempre chiamato zii perché li sentivamo uniti tra loro come fratelli.

Nel corso del lavoro mi sono reso conto di quanto la vecchia e tradizionale rappresentazione cartacea fosse difficile da elaborare graficamente e da consultare con numeri così alti di nipoti e cugini di varie discendenze.

Consapevole, anche che ormai la consultazione in digitale sia più in linea coi tempi e più velocemente aggiornabile, mi faceva comunque piacere poter realizzare una versione cartacea, che offrisse la possibilità di una consultazione più agevole e di una lettura più allargata e comoda rispetto allo schermo.

Aggiungerei ancora che, in una famiglia tanto numerosa e ramificata come la nostra, fermare la genealogia in una sorta di istantanea è quasi impossibile: nell'intervallo temporale fra il momento in cui si verifica una nascita, un matrimonio o un decesso e il momento in cui i dati aggornati vengono pubblicati, probabilmente un nuovo evento si sarà verificato. Ho perciò, necessariamente, fissato l'istantanea al 15 settembre 2015.

Di seguito si possono trovare alcune indicazioni e una legenda utili a muoversi tra i vari rami della famiglia Costa.

Questo documento ha potuto concretizzarsi anche grazie a tanti parenti che si sono resi disponibili ad aiutarmi soprattutto nella raccolta e nell'aggiornamento dei dati più recenti. Non li cito tutti per timore di trascurarne qualcuno, ma ricordo solo mia figlia Agnese, che ha seguito con grande pazienza e dedizione l'intero lavoro.

Infine mi sta a cuore esprimere la gioia di essere riuscito, simbolicamente, a realizzare questo documento in coincidenza con il Sinodo sulla Famiglia 2014-2015. L'attenzione che in quel contesto verrà data alla cura dei legami familiare e alla custodia delle relazioni all'interno di ogni famiglia rappresenta uno dei valori più alti in cui ho creduto e che ho sempre voluto comunicare a figli e nipoti: solo con l'accordo all'interno e in molteplici aspetti della vita della famiglia si possono raccogliere frutti autentici.

Giacomo fu Angelo

Genova, 15 settembre 2015

# ISTRUZIONI PER LA CONSULTAZIONE

Sulla base dell'albero genealogico del 1943 redatto da Andrea Costa, sono stati aggiornati i dati a partire dalla 7ª generazione.

Si noti la particolarità di aver messo in evidenza il numero corrispondente alle varie generazioni.

Pertanto:

1. I numeri che precedono i singoli nomi sono da riferirsi alle generazioni a partire da 1. Fruttuoso (1581).
2. Per ogni discendente è indicata la data di nascita ed eventualmente quella di morte. I nomi dei coniugi sono preceduti dalla lettera "c." e seguiti dalla data o anno di matrimonio indicando per primo la situazione attuale.
3. Per una visione d'insieme si rimanda alla prima pagina dell'albero genealogico del 1943 riportato alle pagg. 8, 9.
4. Per una più agevole consultazione si rinvia al riepilogo alle pagg. 10, 11, in cui sono evidenziati i rami e le relative discendenze con indicazione delle pagine ad essi corrispondenti.

# ALBERO GENEALOGICO DELLA FAMIGLIA COSTA

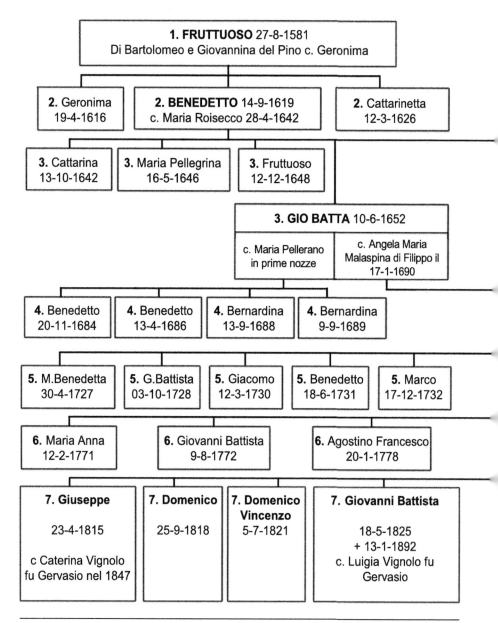

**1. FRUTTUOSO** 27-8-1581
Di Bartolomeo e Giovannina del Pino c. Geronima

**2. Geronima** 19-4-1616

**2. BENEDETTO** 14-9-1619 c. Maria Roisecco 28-4-1642

**2. Cattarinetta** 12-3-1626

**3. Cattarina** 13-10-1642

**3. Maria Pellegrina** 16-5-1646

**3. Fruttuoso** 12-12-1648

**3. GIO BATTA** 10-6-1652
c. Maria Pellerano in prime nozze
c. Angela Maria Malaspina di Filippo il 17-1-1690

**4. Benedetto** 20-11-1684

**4. Benedetto** 13-4-1686

**4. Bernardina** 13-9-1688

**4. Bernardina** 9-9-1689

**5. M.Benedetta** 30-4-1727

**5. G.Battista** 03-10-1728

**5. Giacomo** 12-3-1730

**5. Benedetto** 18-6-1731

**5. Marco** 17-12-1732

**6. Maria Anna** 12-2-1771

**6. Giovanni Battista** 9-8-1772

**6. Agostino Francesco** 20-1-1778

**7. Giuseppe** 23-4-1815 c Caterina Vignolo fu Gervasio nel 1847

**7. Domenico** 25-9-1818

**7. Domenico Vincenzo** 5-7-1821

**7. Giovanni Battista** 18-5-1825 + 13-1-1892 c. Luigia Vignolo fu Gervasio

Trascritto dal documento originale redatto da Andrea Costa fu Eugenio nel 1943

Sono stati omessi i riferimenti ai documenti conservati nell'archivio parrocchiale della
Chiesa di S.Giacomo di Corte a Santa Margherita Ligure luogo di nascita di tutte le
persone riportate nel grafico. Sono stati inseriti i numeri identificativi della generazione,
a partire da Fruttuoso

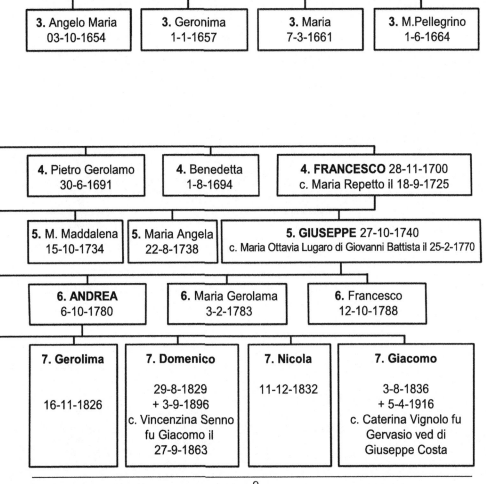

| 3. Angelo Maria<br>03-10-1654 | 3. Geronima<br>1-1-1657 | 3. Maria<br>7-3-1661 | 3. M.Pellegrino<br>1-6-1664 |

| 4. Pietro Gerolamo<br>30-6-1691 | 4. Benedetta<br>1-8-1694 | 4. FRANCESCO 28-11-1700<br>c. Maria Repetto il 18-9-1725 |

| 5. M. Maddalena<br>15-10-1734 | 5. Maria Angela<br>22-8-1738 | 5. GIUSEPPE 27-10-1740<br>c. Maria Ottavia Lugaro di Giovanni Battista il 25-2-1770 |

| 6. ANDREA<br>6-10-1780 | 6. Maria Gerolama<br>3-2-1783 | 6. Francesco<br>12-10-1788 |

| 7. Gerolima<br><br>16-11-1826 | 7. Domenico<br><br>29-8-1829<br>+ 3-9-1896<br>c. Vincenzina Senno<br>fu Giacomo il<br>27-9-1863 | 7. Nicola<br><br>11-12-1832 | 7. Giacomo<br><br>3-8-1836<br>+ 5-4-1916<br>c. Caterina Vignolo fu<br>Gervasio ved di<br>Giuseppe Costa |

# PROSPETTO

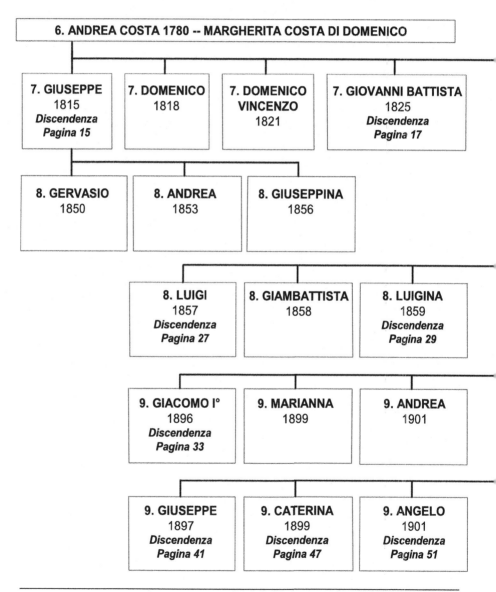

## 6. ANDREA COSTA 1780 -- MARGHERITA COSTA DI DOMENICO

**7. GIUSEPPE**
1815
*Discendenza*
*Pagina 15*

**7. DOMENICO**
1818

**7. DOMENICO VINCENZO**
1821

**7. GIOVANNI BATTISTA**
1825
*Discendenza*
*Pagina 17*

**8. GERVASIO**
1850

**8. ANDREA**
1853

**8. GIUSEPPINA**
1856

**8. LUIGI**
1857
*Discendenza*
*Pagina 27*

**8. GIAMBATTISTA**
1858

**8. LUIGINA**
1859
*Discendenza*
*Pagina 29*

**9. GIACOMO I°**
1896
*Discendenza*
*Pagina 33*

**9. MARIANNA**
1899

**9. ANDREA**
1901

**9. GIUSEPPE**
1897
*Discendenza*
*Pagina 41*

**9. CATERINA**
1899
*Discendenza*
*Pagina 47*

**9. ANGELO**
1901
*Discendenza*
*Pagina 51*

# RIEPILOGATIVO

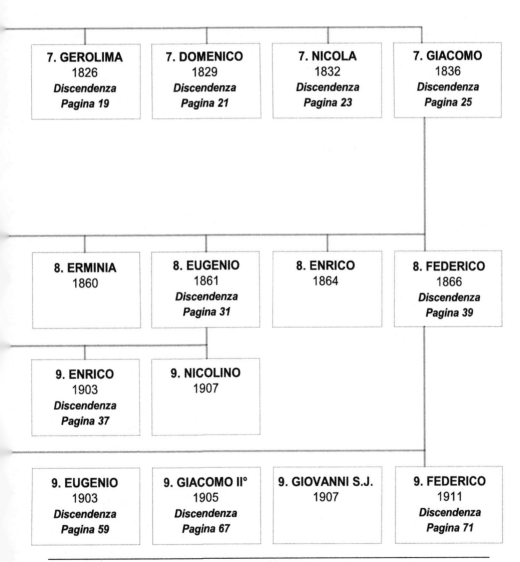

| 7. GEROLIMA | 7. DOMENICO | 7. NICOLA | 7. GIACOMO |
|---|---|---|---|
| 1826 | 1829 | 1832 | 1836 |
| *Discendenza* | *Discendenza* | *Discendenza* | *Discendenza* |
| *Pagina 19* | *Pagina 21* | *Pagina 23* | *Pagina 25* |

| 8. ERMINIA | 8. EUGENIO | 8. ENRICO | 8. FEDERICO |
|---|---|---|---|
| 1860 | 1861 | 1864 | 1866 |
| | *Discendenza* | | *Discendenza* |
| | *Pagina 31* | | *Pagina 39* |

| 9. ENRICO | 9. NICOLINO |
|---|---|
| 1903 | 1907 |
| *Discendenza* | |
| *Pagina 37* | |

| 9. EUGENIO | 9. GIACOMO II° | 9. GIOVANNI S.J. | 9. FEDERICO |
|---|---|---|---|
| 1903 | 1905 | 1907 | 1911 |
| *Discendenza* | *Discendenza* | | *Discendenza* |
| *Pagina 59* | *Pagina 67* | | *Pagina 71* |

# 6. Andrea Costa 6-10-1780 c Margherita Costa di Domenico

7. Giuseppe 23-4-1815 c. Caterina Vignolo fu Gervasio nel 1847

7. Domenico 25-9-1818

7. Domenico Vincenzo 5-7-1821

7. Giovanni Battista 18-5-1825 +13-1-1892 c. Luigia Vignolo fu Gervasio

7. Gerolima 16-11-1826 c. Gregorio Novella

7. Domenico 29-8-1829 c. Vincenzina Senno il 27-9-1863

7. Nicola 11-12-1832 c. Maddalena

7. Giacomo 3-8-1836 +5-4-1916 c. Caterina Vignolo ved Giuseppe Costa nel 1856

---

## Discendenza di Giuseppe 23-4-1815 c. Caterina Vignolo fu Gervasio

**7. Giuseppe 23-4-1815 c. Caterina Vignolo fu Gervasio nel 1847**

> **8. Gervasio 24-9-1850 c. Caterina Stallo nel 1890**

>> **9. Lorenzo (Cesare) 28-1-1882 +1962 c. Isabella Muratorio**

>> **9. Giacomo (Edoardo) 20-3-1886 +9-1982 c. Aurelia Sanguineti il 12-1-1920**

>>> **10. Erminia 2-3-1921 +4-3-2008 c. Francesco Sirianni (+1970) nel 1954**

>>>> **11. Giuseppe 12-6-1955**

>>>> **11. Vittorio 27-4-1958 +25-8-2007**

>>> **10. Gervasio 1-11-1923 +13-7-2016 c. Teresa Baglietto (+1999) il 21-5-1955**

>>>> **11. Elisabetta 12-9-1957 c. Antonio Emilio Sciaccaluga nel 1992**

>>>>> *12. Davide 25-5-1993*

>>>>> *12. Giovanni 1-4-1994*

>>>>> *12. Giuseppe 10-8-1998*

>>>> **11. Aurelia (Lella) 14-2-1963 c. Agostino Carlo Poggi il 16-7-1994**

>>>>> *12. Francesco 27-4-1998*

>>>>> *12. Andrea 22-4-2003*

>>>> **11. Edoardo (Dado) 27-9-1965 c. Gioachina Mormino (+2022) il 28-10-2000**

>>>>> *12. Cesare 5-8-2001*

>>>>> *12. Teresa 18-10-2004*

> **8. Andrea 16-12-1853 +1934 c. Nina Palla nel 1921**

> **8. Giuseppina 25-1-1856 +1911 c. Odoardo Rama nel 1880**

---

---

> # Discendenza di Giovanni Battista 18-5-1825 c. Luigia Vignolo
> # fu Gervasio

**7. Giovanni Battista 18-5-1825 +13-1-1892 c. Luigia Vignolo fu Gervasio**

    *8. Teresa 22-5-1852 +1917 c. Giov. Battista Costa fu Antonio nel 1875*

        **9. Luigi 1876**

        **9. Mario 1880  +1909 c. Luisa Carta nel 1907**

            *10. Maria 1909*

        **9. Maria 1883 c. Paolo Laneri nel 1902**

            *10. Ennio 1903*

            *10. Gino 1906  +1930*

            *10. Teresa 1911*

            *10. Vittorio 1918*

        **9. Giannina 1885 c. Vittorio Costa nel 1907**

            *10. Vanda 1911*

    *8. Ludovico 2-3-1854*

    *8. Gervasio 19-5-1856 +8-1-1924 c. Silvia Vielà di Scipione nel 1878*

        **9. Giovanni 1879 c. Maria Riccio nel 1902**

            *10. Luisa 1904 c. Raffaele Peretti nel 1924*

                **11.** Giuseppe 1927

                **11.** Giovanni 1930

---

## Discendenza di Giovanni Battista 18-5-1825 c. Luigia Vignolo fu Gervasio (segue)

9. Scipione 1880 c. Caterina Carta nel 1907

 *10. Gervasio 1909*

 *10. Giuseppe 1910*

 *10. Ettore 1911*

 *10. Mario 1913*

 *10. Giulio 1916*

 *10. Silvia 1920*

9. Luisa 1883 +1893

9. Silvio 1886 c. Irma Nussberger nel 1927

9. Luigi 1895

9. Olga 1898 c. G.Battista Serra

 *10. Silvia 1928*

 *10. Paola 1930*

9. Elena 1901

| Discendenza di Gerolima 16-11-1826 c. Gregorio Novella |
| --- |

## 7. Gerolima 16-11-1826 c. Gregorio Novella

### *8. Margherita c. Caveri*

#### 9. Juanita c. Vincenzo Arduino

#### 9. Vittorio

#### 9. Attilio

---

**Discendenza di Domenico 29-8-1829 +3-9-1896 c. Vincenzina Senno il 27-9-1863**

## 7. Domenico 29-8-1829 +3-9-1896 c. Vincenzina Senno
## il 27-9-1863

*8. Achille 1864 +7-3-1880*

*8. Emilio 1865 +30-3-1869*

*8. Andrea 22-1-1870 +16-4-1932 c. Minnia Tola il 29-4-1911*

*8. Margherita 1-10-1872 c. Michele Stara il 15-12-1898*

9. Vincenzina 14-12-1899 +1932 c. Attilio Solinas

9. Salvatore 4-3-1905 c. Lisina Righi nel 1940

*8. Fanny 7-9-1875 c.Giuliano Vielà di Scipione il 30-6-1901*

9. Scipione 5-4-1902

9. Mario 27-10-1906

9. Vincenzo 13-9-1913

*8. Gesuino 14-12-1877 c. Maria Castiglia il 4-8-1906*

9. Domenico 24-4-1907

9. Eleonora 9-6-1909

9. Vincenzina 27-4-1911 c. Tito Canessa il 1-10-1933

*10. Maria Palmira 27-8-1934*

*10. Nicolino 10-1-1936*

9. Giuseppina 15-6-1913

---

---

## Discendenza di Domenico 29-8-1829 c. Vincenzina Senno il 27-9-1863 (segue)

*8. Adelina 12-4-1880 +9-6-1941 c. Nicola Canessa fu Tito il 1-10-1898*

> 9. Tito 24-10-1899 +29-12-1939 c. Vincenzina Costa di Gesuino il 1-10-1933

> 9. Sergio 21-3-1903

> 9. Vincenzo 10-1-1910

## Discendenza di Nicola 11-11-1832 c. Maddalena

## 7. Nicola 11-12-1832 c. Maddalena

### *8. Andrea*

---

| **Discendenza di Giacomo 3-8-1836 +5-4-1916   c. Caterina Vignolo nel 1856** |
|---|

## 7. Giacomo 3-8-1836 +5-4-1916 c. Caterina Vignolo nel 1856

8. *Luigi 12-10-1857 +1902 c. Giuseppina Scandola il 23-2-1884*

8. *Giambattista (Pittore) 30-8-1858 +1938*

8 *Luigina 12-8-1859 +23-7-1943 c. Stefano Tortora nel 1892*

8. *Erminia 11-11-1860*

8. *Eugenio 18-10-1861 +29-12-1933 c. Antonietta De Ferrari*
*(+1909) il 6-6-1893*

8. *Enrico (Barbarico) 29-3-1864 +1952 c. Victorine Dusson*

8. *Federico 20-9-1866 +14-4-1923 c. Bice De Ferrari (+1963)*
*l'8-6-1896*

## Discendenza di Luigi fu Giacomo 12-10-1857 +1902

*8. Luigi 12-10-1857 +1902 c. Giuseppina Scandola il 23-2-1884*

**9. Itala 10-8-1888 +27-7-1971 c. Aldo Vayra (+1973) il 15-9-1917**

    **10. Liliana 4-11-1922 +29-6-2004 c. Carmelo Donadeo**
                      **(+1999) il 7-3-1946**

        **11. Franco 3-6-1947 c. Marina Varese il 19-2-1977**

            *12. Marco 29-1-1980*

            *12. Silvia 10-11-1983 c. Paolo Vendramini il 10-9-2016*

                **13. Emily 24-10-2019**

        **11. Aldo 19-4-1950 c. Marilena Sciacca il 29-9-1990**

            *12. Giulio 12-8-1992*

            *12. Carlotta 29-7-1996*

            *12. Cesare 21-6-1999*

        **11. Sergio 16-5-1955 c. Laura Rossi il 25-5-1983**

            *12. Nicola 14-11-1986*

            *12. Chiara 25-6-1993*

**9. Rina 21-4-1892 +1980 c. Giacomo Calderini (+1949)**
                          **il 2-6-1913**

**9. Maria 8-10-1894 +26-3-1999 c. Enrico Maurer il 29-4-1920**

---

## Discendenza di Luigina fu Giacomo 12-8-1859 +23-7-1943

*8. Luigina 12-8-1859 +23-7-1943 c. Stefano Tortora nel 1892*

 9. Giacomo 23-9-1894 +31-3-1979 c. Giuseppina Avanzino
             (+1993) il 18-5-1926

  *10. Clementina 10-4-1927 +27-10-2010*

  *10. Luigina Suora P.O.R.A. 30-3-1928 consacrata nel 1963*

  *10. Stefania 26-11-1929*

  *10. Emilio 9-2-1932 +5-8-2011 c. Liuba Petkova*
               *il 2-12-1961*

   11. Elisabetta 8-7-1964 c. Giorgio Cannata il 16-4-1994
    *12. Chiara 20-10-1996*
    *12. Maddalena 12-2-1999*

  *10. Giuseppe 9-6-1934 ordinato sacerdote il 29-6-1957*

  *10. Andrea 12-7-1936 +30-4-2010 c. Orietta Rocca*
               *il 2-12-1967*

   11. Attilio 19-12-1968 c. Nicoletta Zapponi il 16-10-2010
    *12. Teresa 9-8-2011*
    *12. Vittoria 7-1-2013*
   11. Paola 3-6-1971 c. Diego Ferrando l'11-7-2006
    *12. Emma 18-11-2006*
   11. Elena 2-10-1975

  *10. Maria 19-5-1938 +28-9-2011*

  *10. Enrico 14-1-1940*

---

## Discendenza di Luigina fu Giacomo 12-8-1859 +23-7-1943 (segue)

*10. Giovanni 2-9-1941 c. Gianna Perasso (+2020)*

*il 7-7-1973*

**11.** Lucia 20-9-1976

*12. Daniela Muston 19-7-1995*

*10. Rosa Maria 28-6-1943*

*10. Stefano 19-5-1945 c. Marina Cacia il 21-9-1974*

**11.** Giulia 4-6-1980

**9. Emilio 7-4-1899 +1928**

Discendenza di Eugenio fu Giacomo 18-10-1861 +29-12-1933

*8. Eugenio 18-10-1861 +29-12-1933 c. Antonietta De Ferrari*
*(+1909) il 6-6-1893*

9. Giacomo I° 24-3-1896 +22-2-1982 c. Maria Teresa (Gina)
Parodi (+1975) il 9-5-1921

9. Marianna 18-2-1899 consacrata delle Figlie del Cuore
di Maria +1-7-1989

9. Andrea 2-3-1901 +23-3-1974 c. Niccolina (Niccoli) Musso
(+1990) il 17-6-1929

9. Enrico 26-2-1903 +21-12-1987 c. Emilia (Mimi) Viganego
(+2000) il 23-11-1932

9. Nicolino 15-1-1907 +4-4-1908

---

## Discendenza di Giacomo I° fu Eugenio 24-3-1896 +22-2-1982

**9. Giacomo I° 24-3-1896 +22-2-1982 c. Maria Teresa (Gina)**
**Parodi (+1975) il 9-5-1921**

*10. Maria 17-5-1924 +28-12-1976*

*10. Mario 18-3-1926 +14-9-1985 c. Lotti Cipollina (+2018)*
*il 7-7-1954*

**11.** Giovanni 18-7-1955 c. Nicoletta Nefri il 12-6-1982

**11.** Anna 2-9-1956 +28-5-2020

**11.** Andrea 17-8-1957 c. Carola Galliani l'11-6-1995

**11.** Mario 13-5-1959 +13-5-1959

**11.** Angelo 13-5-1959 +13-5-1959

**11.** Eugenio 7-9-1960

**11.** Alberto 19-3-1963 +27-6-1984

**11.** Paolo 18-2-1969 c. Maria Grazia Gispi l'1-6-1997

*12. Tiziana Angela 7-4-2002*

*12. Marzia 21-4-2004*

*10. Eugenio S.J. 18-3-1926 ordinato sacerdote il 15-7-1956*
*+07-1-1988*

---

## Discendenza di Giacomo I° fu Eugenio 24-3-1896 +22-2-1982 (segue)

*10. Luigi 17-7-1928 +13-8-2015 c. Carla Ardissone (+2019)*
*il 10-6-1953*

**11.** Giacomo IV° * 9-4-1954 c. Fiammetta Serra il 10-5-1975

    *12. Elena* 17-11-1975 c. Francesco Genovesi il 25-2-2002*

        **13.** Luigi 2-2-2004

        **13.** Fiammetta 23-11-2005

    *12. Marta* 19-2-1980 c. Federico Varricchio*

        **13.** Agata 13-5-2013

    *12. Luigi* 18-9-1983 c. Carola Peri il 14-5-2016*

        **13.** Giacomo 7-9-2016

        **13.** Olivia 7-9-2016

        **13.** Umberto 8-5-2020

**11.** Beatrice* 19-5-1956 c Luca Modonesi il 3-10-1981

    *12. Nicolò 9-11-1984 c. Lindsey Carr il 20-9-2015 e il 27-8-2016*

        **13.** Luca 24-4-2016

        **13.** Gemma 25-3-2018

        **13.** Matteo 27-5-2021

    *12. Matteo 30-7-1990*

    *12. Lucia 3-12-1994*

**11.** Marta* 18-1-1958 c. Stefano Piccardo il 6-10-1990

    *12. Alberto 15-9-1991*

    *12. Pietro 9-4-1995*

    *12. Carlo Vincent 9-8-1996*

* dal 13-12-2000, Costa Ardissone

## Discendenza di Giacomo I° fu Eugenio 24-3-1896 +22-2-1982 (segue)

**11.** Vincenza* 14-6-1960 c. Luigi Fera il 10-10-1998

    *12. Maria Luisa 6-8-2002*

    *12. Nicolò 3-3-2004*

**11.** Lucia* 1-2-1963

**11.** Carlo Vincent* 21-4-1964 c. Monica Romanengo il 2-10-1999

    *12. Andrea 23-6-2001*

    *12. Matteo 11-9-2004*

    *12. Camilla 10-2-2007*

**11.** Maria Ludovica* 2-4-1968 c. Giovanni Paolo Monaco
il 12-9-2015

    *12. Gabriele 15-10-1991 c. Chiara Giovanazzi il 2-6-2017*

        **13.** Gioele 24-4-2019

        **13.** Corinna 3-5-2022

    *12. Filippo Andrea 26-1-1994 c. Beatrice Mapelli il 20-6-2020*

        **13.** Cecilia 18-7-2019

    *12. Letizia 28-9-1996*

\* dal 13-12-2000, Costa Ardissone

# Discendenza di Giacomo I° fu Eugenio 24-3-1896 +22-2-1982
## ( - o - )

**10. Antonietta 10-11-1930 c. Giuliano Gambaro il 9-1-1956**

    **11.** Maria Teresa 31-10-1958 c. Bartolomeo Piccardo l'11-9-1982

        *12. Ludovica 2-7-1985 c. Lorenzo Brusadelli l'11-7-2015*

            **13.** Leonardo 29-11-2018

            **13.** Lisa 2-3-2022

        *12. Giacomo 21-5-1988*

    **11.** Angiola 19-7-1962 +1-9-1962

    **11.** Adele 24-7-1964 c. Giulio Malorgio l'8-5-1993

        *12. Antonio 21-3-1995*

        *12. Enrico 23-4-1997*

    **11.** Giovanni 28-10-1965 c. Véronique Dalmais il 14-9-1996

        *12. Luisa 25-9-1999*

        *12. Alice 30-5-2002*

**10. Enrico 11-1-1933 c. Rita Monaco il 21-5-1983**

## Discendenza di Enrico fu Eugenio 26-2-1903 +21-12-1987

## 9. Enrico 26-2-1903 +21-12-1987 c. Emilia (Mimi) Viganego (+2000) il 23-11-1932

### 10. Eugenio S.J. 25-3-1934 ordinato sacerdote l'11-7-1965
### +17-1-2021

### 10. Stefano 5-11-1936 c. Carmen Ines Lambir (+2017) il 28-7-1994
### c. Graziella Tognetti l'11-10-1967

**11.** Michele 3-9-1968 c. Phyllis Mancino il 20-9-2002

    *12. Gianmarco 15-3-2004*

    *12. Luca 6-8-2006*

**11.** Cristina Emilia 21-5-1971 c. Fabrizio Granelli il 2-4-2005

    *12. Daniele 12-7-2007*

### 10. Nicola 4-4-1940 c. Maria Alessandra (Ina) Fantoni il 16-10-1965

**11.** Sandra 25-2-1970 c. Enrico Demichelis l'8-9-2001

    *12. Sara 23-6-2002*

    *12. Nicolò 8-10-2006*

    *12. Edoardo 4-3-2008*

**11.** Angelo 19-9-1972 c. Emanuela Rizzotto il 23-6-2018

    *12. Sofia 22-11-2021*

## Discendenza di Enrico fu Eugenio 26-2-1903 +21-12-1987
## ( - o - )

*10. Costanza (Lilla) 18-12-1941 c. Giorgio Zezzo (+2017)*

*il 24-4-1965*

**11.** Maria 23-9-1966 c. Andrea Paoletti il 21-4-2001

    *12. Martina 27-3-1998*

    *12. Emilia 6-9-2001*

    *12. Tommaso 27-6-2006*

    *12. Eugenio 20-11-2007*

**11.** Andrea 12-3-1968 c. Ginevra Sanguineti l'1-11-2006

    *12. Carolina 2-8-2006*

    *12. Alessandro 29-11-2008*

**11.** Enrico 26-6-1970 c. Sara Zandonella il 15-12-2001

    *12. Pietro 12-9-2003*

    *12. Giorgia 21-4-2005*

## Discendenza di Federico fu Giacomo 20-9-1866 +14-4-1923

*8. Federico 20-9-1866 +14-4-1923 c. Bice De Ferrari (+1963)*
*l'8-6-1896*

9. Giuseppe (Pippo) 8-8-1897 +19-11-1976 c. Angiolina
Dufour (+2001) il 29-4-1922

9. Caterina (Catte) 13-8-1899 +23-8-1980 c. Antonio Cerruti
(+1962) il 18-6-1924

9. Angelo 18-4-1901 +2-7-1976 c. Giuseppina (Pinuccia)
Musso (+1989) il 31-5-1928

9. Eugenio 24-11-1903 +28-3-1971 c. Maria Francesca
(Mariuccia) Bozano (+2002) il 19-11-1928

9. Giacomo II° (Giacomino) 18-11-1905 +17-3-1977 c. Anna
Maria Romanengo (+1997) il 22-5-1933

9. Giovanni S.J. 26-12-1907 ordinato sacerdote nel 1937
+12-12-1988

9. Federico 14-11-1911 +30-7-1956 c. Maria Pia Romanengo
(+1956) il 25-5-1935

## Discendenza di Giuseppe fu Federico 8-8-1897 +19-11-1976

**9. Giuseppe (Pippo) 8-8-1897 +19-11-1976 c. Angiolina**
**Dufour (+2001) il 29-4-1922**

*10. Federico 24-5-1924 +16-6-1928*

*10. Anna 22-11-1926 +14-10-2016 c. Riccardo (Riccardino)*
*Corradi (+2015) il 29-3-1951*

**11.** Giovanna 5-2-1952 c. Gregorio Gavarone il 19-5-1977

*12. Giovanni 11-5-1978 c. Sarah Chy Lyn Lee il 30-5-2015*

**13.** Alexandra Hui Jing 4-7-2017

*12. Giacomo 4-4-1981 c. Francesca Nasturzo il 17-9-2011*

**13.** Gregorio 30-3-2013

**13.** Pietro 5-10-2015

**13.** Olivia 15-5-2018

*12. Giangregorio (Mosi) 22-3-1986 c. Francesca Pastore*
*il 27-6-2015*

**13.** Orlando 26-1-2017

**13.** Emma 8-4-2019

**11.** Cristina (Crisu) 15-3-1953 c. Piero Bonino il 19-2-1977

*12. Anna Noemi (Bisley) 5-6-1980 c. Giuseppe Croce*
*il 7-6-2014*

*12. Bianca 15-6-1983*

**11.** Brigida 21-4-1956 c. Ernesto Cauvin il 28-6-1979

*12. Alice 17-7-1981 c. Michele Renzini il 5-4-2014*

**13.** Ettore 10-1-2016

**13.** Giulietta 17-12-2018

*12. Elisa 20-10-1985 c. Mario Martignoni il 21-7-2012*

**13.** Edoardo 25-7-2015

**13.** Margherita 11-4-2018

**13.** Beatrice 16-6-2021

## Discendenza di Giuseppe fu Federico 8-8-1897 +19-11-1976 (segue)

**11.** Paola 20-11-1962 c. Alberto Vaccari il 23-6-1988

   *12. Anna 25-2-1994*

   *12. Francesco 24-10-1998*

   *12. Paolo 23-8-2000*

***10. Federico (Fede) 8-8-1928 +28-12-2012 c. Bianca Bozzo***
***(+2006) il 21-4-1951***

**11.** Nicoletta 2-2-1952 c. Giorgio Seronello (+2010)

         il 14-10-2006

   c. Mario Federici (+2006) il 29-9-1973

   *12. Bianca 25-7-1974 c. Luca Fibrini il 25-5-2004*

     **13.** Alice 15-6-2005

     **13.** Andrea 22-3-2007

     **13.** Lorenzo 7-3-2011

   *12. Maria 15-7-1975 c. Fabio Scotto Busato il 29-5-1999*

     **13.** Anna 4-10-2001

     **13.** Luigi 31-7-2003

     **13.** Jacopo 3-4-2005

   *12. Gherardo 24-9-1976 c. Daniela D'Arco il 12-7-2003*

     **13.** Sofia 21-12-2006

     **13.** Bice 20-1-2014

**11.** Enrico 10-1-1953 c. Maria Federica Pisano il 4-7-2001

       c. Alessandra Catturich Ducco l'11-12-1976

   *12. Federico 22-5-1998*

   *12. Dimitri 12-7-1999*

## Discendenza di Giuseppe fu Federico 8-8-1897 +19-11-1976 (segue)

**11.** Giuseppe (Beppe) 18-12-1956 c. Gemma Malerba

il 21-10-2009

c. Marcella Campanini Bonomi il 25-6-1980

*12. Federicocarlo 18-4-1984 c. Giulia Jon il 19-5-2018*

**13.** Lodovico 12-11-2020

*c. Marietta Guenzani il 22-9-2007*

**13.** Ferdinando Giuseppe 18-7-2009

*12. Anna Fernanda 30-1-1990 c. Hugo Piercy*

**11.** Luigi 11-1-1961 c. Luisa (Gigì) Rossi il 16-7-1986

*12. Camilla 10-11-1990*

*12. Nicolò 10-11-1990*

**10. *Giovanna 27-10-1929 +2-9-2022 c. Erminio (Nini) Bozzo (+1997)***

*l'11-2-1950*

**11.** Luigi 8-1-1951 c. Anna Montagnini il 5-6-1976

*12. Carlo 2-7-1977*

*12. Luigi 16-10-1979  c. Ilaria Orsi*

**13.** Bianca 12-9-2016

*12. Andrea 19-12-1984*

*12. Aline 21-11-1987*

**11.** Angiolina 10-12-1952 c. Vittorio Doria Lamba il 29-5-1975

*12. Giovanna 28-2-1976 c. Luca De Dominicis il 14-9-2002*

**13.** Ludovica 7-11-1999

**13.** Ottavia 25-8-2005

**13.** Alessandro 3-11-2009

*12. Elisabetta 20-7-1979 c. Alessandro Massimilla il 22-9-2018*

**13.** Allegra 7-11-2013

**13.** Arturo 4-12-2015

**13.** Alessandra 14-7-2017

*12. Francesco 15-10-1984*

# Discendenza di Giuseppe fu Federico 8-8-1897 +19-11-1976 (segue)

**11.** Pietro 24-5-1954 c. Rosa Ede (Lella) Bianchi il 2-7-1977

    *12. Paolo 3-8-1979 c. Julie Emilie Gros il 31-8-2013*

        **13.** Francesco 16-9-2015

        **13.** Carolina 15-4-2019

    *12. Luca 3-8-1979 c. Nathalie Casasnovas il 22-6-2012*

        **13.** Alessandro 21-12-2013

        **13.** Alissia 20-7-16

    *12. Matteo 8-3-82*

    *12. Francesca 3-6-1984 c. Vincent Jacquier il 13-9-2014*

        **13.** Sofia 7-10-2015

        **13.** Leon Giovanni 14-8-2018

**11.** Anna 18-8-1955 c. Claudio Canavesio il 12-10-1979

    *12. Carola 4-11-1980 c. Bernt Reinhardt il 16-2-2013*

        **13.** Ottavia Anna 25-7-2012

        **13.** Olimpia 18-10-2014

        **13.** Otto 12-11-2015

        **13.** Odette Beatrice 15-7-2022

    *12. Claudia 8-9-1982 c. Niko Michault il 16-5-2015*

        **13.** Victor Claudio 21-10-2016

        **13.** Pascal 16-3-2019

        **13.** Daphne Delara 20-8-2022

    *12. Cecilia 13-12-1984 c. Nathan Sutton il 14-3-2015*

        **13.** Tancredi 20-8-2018

    *12. Andrea 4-9-1989 c. Victoria Oñate il 16-4-16*

        **13.** Matilda 25-6-21

# Discendenza di Giuseppe fu Federico 8-8-1897 +19-11-1976 (segue)

**11.** Giovanna 12-2-1958 c. Carlo Pasteur il 10-9-1983

   *12. Margherita 13-7-1984 c. Davide Aicardi il 2-7-2016*

     **13.** Sofia 29-1-2016

     **13.** Luna 20-5-2018

     **13.** Thea 11-12-2021

   *12. Angiolina 19-12-1986 c. Luca Raffaghelli l' 1-7-2017*

     **13.** Anna 29-5-2020

     **13.** Aline 17-5-2021

**11.** Paolo 29-7-1962 c. Alexandra Kelmans il 23-6-1988

   *12. Alessandro 8-10-1990*

   *12. Francesco 21-7-1997*

**11.** Carola 1-4-1965 c. Alessandro Garrone il 14-10-1989

   *12. Maria 15-3-1991 c. Alessandro Samuelli il 18-12-2021*

     **13.** Gabriele 12-1-2023

   *12. Filippo 14-10-1992*

   *12. Olimpia 25-2-1995 c. Edoardo Bartolini il 9-7-2021*

     **13.** Alessandro1-9-2019

     **13.** Andrea 16-2-21

*10. Beatrice (Bice) 5-2-1932 c. Mieczysław (Miecio) Horszowski (+1993) il 12-7-1981*

*10. Luisa 8-8-1933*

## Discendenza di Giuseppe fu Federico 8-8-1897 +19-11-1976
## ( - o - )

**10.** *Angiolina (Giulli) 12-9-1937 +21-1-2023 + c. Adriano Calvini*
*l'11-2-1961*

  **11.** Costanza 11-11-1961 c. Sergio Pitto il 7-9-1989

    **12.** *Anna 31-10-1990 c. Mattia Benatti il 12-9-2020*

      **13.** Ettore 17-4-2022

    **12.** *Vittoria 11-3-1995*

  **11.** Anna 31-5-1965 c. Piero Chiappano il 4-7-1991

    **12.** *Giovanni 11-12-1993*

    **12.** *Bianca 30-9-1997*

  **11.** Francesca 18-4-1969 c. Gianni Lucca il 7-9-1995

    **12.** *Maria 16-6-1997*

    **12.** *Elisa 27-4-2004*

  **11.** Giovanni 25-3-1970 c. Barbara Rossi il 27-5-2010

  **11.** Giuseppe 23-7-1975 c. Lucia Brignano il 21-4-2006

    **12.** *Vera 27-12-2008*

    **12.** *Ines 13-3-2012*

## Discendenza di Caterina fu Federico 13-8-1899 +23-8-1980

## 9. Caterina (Catte) 13-8-1899 +23-8-1980 c. Antonio Cerruti (+1962) il 18-6-1924

### *10. Beatrice 23-6-1925 +11-6-2011 c. Giuseppe (Pippo) Rossi (+2012) il 6-2-1952*

**11.** Maria Caterina (Marica) 22-5-1953 c. Giuseppe Brignola (+1993) il 30-10-1976

*12. Francesco 30-9-1979 c. Giulia Gambarotta il 23-7-2011*

**13.** Giorgia 23-5-2019

*12. Alessandra 18-7-1983 c. Giovanni Alloisio il 10-10-2015*

**13.** Irene 19-3-2017

**13.** Anna 22-9-2020

**11.** Giuseppina (Giuppy) 29-5-1955 c. Giuseppe Amadeo (+2016) il 7-6-1986

*12. Beatrice 21-9-1988 c. Davide Spallarossa il 4-6-2016*

**13.** Sofia 18-7-2018

**13.** Luca 21-1-2021

*12. Orsola 3-3-1992 c. Marco Molinari il 26-9-2020*

**11.** Stefano 13-10-1958 c. Donata Cicogna il 21-10-2000

## Discendenza di Caterina fu Federico 13-8-1899 +23-8-1980 (segue)

*10. Alessandro 22-10-1926  +14-9-1993 c. Maurizia (Mauri)*

*Brignone il 24-9-1952*

**11.** Maria Beatrice 23-6-1953 c. Marco Bottino il 21-4-1979

*12. Giovanna 14-6-1983 c. Alessandro Petrelli il 26-5-2012*

**13.** Benedetta 25-5-2015

**13.** Eugenia 30-10-2018

*12. Lucia 27-3-1985 c. Nicolò Bernini il 13-9-2015*

**13.** Matilde 3-6-2020

**13.** Margherita 21-12-2021

**11.** Cesare 17-8-1956 c. Chiara Albarella il 31-3-1985

**11.** Caterina (Katty) 16-12-1958 c. Ermanno Fici il 26-1-1985

*12. Federica 23-4-1987 c. Pierpaolo Parodi*

**13.** Vittoria 14-6-2016

*12. Alessandro 4-5-1998*

**11.** Stefana 15-12-1960 c. Umberto Cauvin il 30-6-1984

*12. Benedetta 7-10-1987 c. Ludovico Moncalvo il 23-7-2016*

**13.** Camillo 9-6-2017

**13.** Sole 10-4-2020

*12. Bianca 18-1-1989 c. Rodolfo Quagliolo il 30-8-2015*

**13.** Fabrizio 10-9-2017

**13.** Fiamma 29-5-2020

*12. Gregorio 4-1-1993*

**11.** Pietro 11-6-1962 c. Ottavia Schiaffino il 24-9-1987

*12. Emanuela 24-5-1989 c. Federico Zanardi il 24-10-2015*

**13.** Ludovica1-3-2017

**13.** Giovanni 29-4-2020

*12. Andrea 13-11-1991*

---

## Discendenza di Caterina fu Federico 13-8-1899 +23-8-1980 (segue)

**10. *Federico 21-6-1928 c. M. Grazia (Picci) Assalini (+2020)***

*il 29-1-1951*

**11.** Maria Alessandra (Sandra) 11-11-1951

c. Nicolò Crosa di Vergagni il 4-10-1975

*12. Federico 19-12-1976 c. Giulia Kielland il 22-9-2007*

**13.** Eleonora 2-8-2008

**13.** Nicolò 11-8-2010

**13.** Caterina 22-4-2013

*12. Pietro 8-1-1980 c. Laura Pisotti il 12-4-2008*

**13.** Alice 27-4-2010

**13.** Michele 30-1-2012

*12. Michele 3-8-1981 ordinato sacerdote il 5-5-2018*

*12. Carlotta 5-6-1989 c. Mirko Calleo il 23-9-2017*

**13.** Matilde 6-11-2018

**13.** Maddalena 23-3-2021

*12. Monica 19-8-1992*

**11.** Antonio (Tony) 4-2-1953 c. Elizabeth Kay Clift il 29-4-2011

**11.** Giovanni Battista (Nanni) 11-8-1956 c. Elisabetta Moltrasio

il 23-5-1991

*12. Margherita 24-8-1980 c. Fabio Tambone il 9-9-2017*

**13.** Livia 28-8-2019

**13.** Giulio 30-12-2020

*12. Gianalberto 26-11-1984 c. Eleonora Canu il 23-6-2018*

**13.** Giovanni 27-4-2020

**13.** Giacomo 29-11-2021

*12. Luca 24-3-1989*

**11.** Andrea 15-1-1963 c. Marta Codignola il 15-9-1990

*12. Maddalena 12-9-1991*

*12. Livia 20-10-1993*

---

---

## Discendenza di Caterina fu Federico 13-8-1899 +23-8-1980 ( - o - )

**10. Angelo 26-3-1932 +13-3-2020 c. Marina Ambrogio il 21-9-1963**

**11.** Antonella 3-6-1964 c. Attilio Perugi il 29-7-1982

> **12.** *Elio Alberto 16-11-1982 c. Rubina Devoto il 26-7-2014*

> > **13.** Giulio 27-4-2017

> > **13.** Viola 15-4-2021

> **12.** *Alessandro 22-9-1988 c. Carlotta Bargagliotti*

**11.** Paola 12-8-1966 c. Andrea Piazza il 26-2-1995

> **12.** *Federico 31-10-1997*

**11.** Agostino 26-11-1968 c. Laura Cafferata il 24-6-1999

**10. Filippo 31-1-1935 c. Marcella (Celli) Assalini l'11-6-1964**

**11.** Michele 22-3-1965 c. Cristina Scarzella il 30-6-1990

> **12.** *Cristina 28-1-2000*

> **12.** *Alessandro 11-5-2003*

**11.** Alessandro 22-4-1966 c. Loredana Ratto il 10-9-1994

> **12.** *Matteo 12-4-1996*

> **12.** *Marco 6-5-2000*

**11.** Federico 18-6-1968 c. Fiorenza Pastorelli il 14-11-1998

> **12.** Tommaso 26-10-2001

> **12.** Virginia 23-6-2004

## Discendenza di Angelo fu Federico 18-4-1901  +2-7-1976

**9. Angelo 18-4-1901 +2-7-1976 c. Giuseppina (Pinuccia) Musso (+1989) il 31-5-1928**

*10. Giacomo III° 16-3-1929 +27-9-2021 c. Chiara Dufour (+2019) il 30-4-1952*

**11.** Agnese 27-2-1953 c. Michele Gallamini il 24-5-1975

*12. Matteo 2-5-1976 c. Kate Johnson il 12-1-2008*

**13.** Filippo 5-11-2009

**13.** Alessandro 14-5-2012

*12. Federica 19-8-1978 c. Michele Carini il 23-5-2009*

**13.** Tommaso 9-11-2010

**13.** Lucia 22-9-2014

*12. Cecilia 20-5-1985 c. Edoardo Bianchi il 13-10-2010*

**13.** Ulisse 17-2-2018

**13.** Tobia 14-9-2019

**13.** Gemma 27-4-2022

**11.** Giuseppina (Giusi) 16-9-1954 c. Enrico Maura il 28-10-1978

*12. Maria 1-1-1982 c. Marco Girlanda il 24-9-2005*

**13.** Paolo 5-6-2007

**13.** Luca 5-1-2010

**13.** Bianca 28-7-2018

*12. Francesco 2-9-1985 c. Viola Groppi il 15-9-2012*

**13.** Giacomo 27-10-2015

**13.** Giosuè 11-7-2017

**13.** Giovanni 15-3-2021

*12. Vladimir 27-11-1987*

*12. Chiara 4-11-1988 c. Luca Solesin l'1-5-2015*

**13.** Ettore 10-3-2018

**13.** Anita 15-10-2020

## Discendenza di Angelo fu Federico 18-4-1901 +2-7-1976 (segue)

**11.** Maurizia 17-5-1956 c. Marco Maraniello il 22-9-1979

    *12. Andrea 1-8-1981 c. Pia Accomando il 22-6-2013*

        **13.** Tommaso 21-12-2014

        **13.** Giacomo 30-1-2018

    *12. Anna 15-8-1985*

**11.** Benedetta 4-8-1958 c. Paolo Cornaglia Ferraris il 30-5-1982

    *12. Luigi 16-5-1983 c. Alketa Llani*

        **13.** Ettore 11-4-2017

        **13.** Aida Paola 28-7-2022

    *12. Sara 10-7-1985 c. Giovanni Fedeli il 20-7-2013*

        **13.** Vasco 6-9-2014

        **13.** Giulio 16-8-2016

        **13.** Lina 14-7-2022

    *12. Giovanni 22-3-1993*

**11.** Pia 1-1-1960 c. Marco Arato il 12-9-1981

    *12. Ludovica 14-9-1984 c. Eugenio Barisone il 27-6-2010*

        **13.** Niccolò 14-9-2015

        **13.** Filippo 30-10-2017

    *12. Elisabetta 29-10-1988 c. Andrea Giannattasio il 30-6-2013*

        **13.** Sofia 19-8-2016

        **13.** Francesco 23-1-2019

    *12. Veronica 1-11-1992 c. Lorenzo Sperati il 15-12-2018*

        **13.** Chiara 11-2-2021

## Discendenza di Angelo fu Federico 18-4-1901 +2-7-1976 (segue)

**11.** Caterina 29-4-1962 c. Enrico Frigerio il 20-4-1985

    *12. Carolina 27-2-1987 c. Giorgio Iemolini il 30-4-2011*

        **13.** Lucio 27-3-2013

        **13.** Eugenio 15-6-2015

        **13.** Lia 14-8-2019

    *12. Giuditta 22-1-1989 c. Emmanuele Penco l'11-7-2015*

        **13.** Elena Pia 10-2-2018

        **13.** Michele 23-7-2020

    *12. Matilde 13-10-1991 c. Francesco Putti il 25-7-2020*

        **13.** Romeo 16-4-2021

        **13.** Isabella 16-4-2021

    *12. Emanuele 16-7-1999*

    *12. Lorenzo 31-10-2002*

**11.** Maddalena 15-10-1964 c. Alberto Vizzani il 3-10-2020

                  c. Roberto Solari il 29-6-1991

    *12. Marta 18-9-1992*

    *12. Bianca 14-11-1996*

**11.** Angelo 10-10-1966 c. Laura Festa Bianchet il 19-9-1992

    *12. Lucia 26-7-1993 c. Stefano Leta il 18-4-2020*

        **13.** Matilde 16-9-2021

    *12. Anna 1-1-1995*

    *12. Giacomo 12-10-2001*

    *12. Benedetta 4-2-2007*

**11.** Bernadette 18-2-1972 c. Marco Spotorno il 14-9-1996

    *12. Emma 10-10-1998*

    *12. Pietro 7-9-2001*

    *12. Agnese 15-11-2003*

---

## Discendenza di Angelo fu Federico 18-4-1901 +2-7-1976 (segue)

*10. Maria Beatrice (Maria Bice) 2-6-1930 +1-1-2009*
    *c. Carlo Musso Piantelli (+2019) il 29-11-1950*

    **11.** Francesca 10-9-1951 c. Marco Conforti il 14-6-1975

        *12. Michele 7-10-1976 c. Giorgia Merletto l'11-5-1996*

            **13.** Agata 29-10-2010

            **13.** Massimo 14-3-2014

        *12. Silvia 27-8-1979 c. Antonio Moreno il 17-6-2017*

            **13.** Lisa 4-2-2021

        *12. Cristina 24-11-1984 c. Matteo Romagnoli il 30-7-2016*

            **13.** Lidia 18-1-2019

            **13.** Agnese 18-1-2019

    **11.** Donata 17-12-1955 c. Giuseppe (Beppe) Gasparini

                            il 15-3-1980

        *12. Lucia 15-10-1984 c. Gianluca Esposito il 24-9-2011*

            **13.** Giacomo 25-6-2015

            **13.** Alice il 27-4-2017

        *12. Francesco 10-10-1987*

    **11.** Giovanni 30-7-1962 c. Maria Chiara (Cilli) Traverso

                            il 22-7-1989

        *12. Margherita 4-10-1990 c. Giorgio Solaroli di Briona*

                            *il 13-6-2020*

        *12. Alberto 31-8-1992 c. Francesca Minaudo il 22-2-2020*

        *12. Ferdinando 1-11-1994*

        *12. Ludovico 6-3-1996*

        *12. Benedetto 20-5-1999*

        *12. Stefano 6-8-2002*


*10. Teresa Maria (Maria Ti) 16-8-1933 +13-11-2004*

> # Discendenza di Angelo fu Federico 18-4-1901 +2-7-1976
> ## (segue)

**10. Niccolina 11-10-1934 c. Peppino Orlando il 24-6-1965**

**11.** Rocco 4-5-1966 c. Barbara De Tullio 3-9-1994

*12. Sara 2-8-1995*
*12. Chiara 10-7-1998*
*12. Michele 24-9-2003*

**11.** Anna 25-6-1967 c. Renato Tortarolo il 3-2-2015

**11.** Camilla 9-12-1970 c. Alessandro Battistel il 24-10-2005

*12. Blu 3-6-2005*
*12. Lupo 10-2-2009*

**11.** Lorenza 11-4-1974 c. Marcello Comoglio nel 2005

*12. Tito 29-12-2006*
*12. Anna 9-6-2009*

**10. Maurizio S.J. 8-6-1937 ordinato sacerdote l'11-7-1965**

**+12-1-2011**

**10. Caterina (Catte) 23-12-1941 +15-1-2019**

**c. Emmanuele Romanengo il 9-1-1964**

**11.** Stefano 24-12-1964 c. Alessandra Raggio il 7-9-1991

*12. Paolo 4-6-2000*

**11.** Marta 5-5-1966 c. Tommaso Panzeri il 6-7-1996

*12. Carola 20-8-1998*
*12. Sofia 12-1-2002*
*12. Luigi 18-6-2006*

**11.** Lucia 4-8-1968

*12. Pietro Giacobbe 11-2-1999*
*12. Maria " 12-11-2002*
*12. Nicola " 16-2-2004*

**11.** Alberto 18-1-1972 c. Bettina De Monti il 9-9-2010

*12. Emilie Caterina 1-8-2009*
*12. Cécile Nicole 18-12-2011*

## Discendenza di Angelo fu Federico 18-4-1901 +2-7-1976 (segue)

**11.** Maurizio 16-12-1974 c. Nicoletta Dufour il 14-12-1996

    *12. Lorenzo 17-10-1996*

    *12. Tommaso 23-6-2000*

    *12. Michele 17-2-2008*

*10. Francesco (Franco) 23-12-1941 c. Giovanna Zuffi il 21-9-1966*

    **11.** Elisabetta 15-4-1968 c. Gerolamo Valle il 4-7-2002

        *12. Rocco 6-7-2004*

        *12. Giobatta 5-7-2006*

    **11.** Matteo 10-6-1969 c. Federica Taffelli il 20-10-2002

        *12. Lorenzo 15-3-2004*

        *12. Alessandro 28-8-2010*

    **11.** Ilaria 6-5-1973 c. Fabrizio Garbini l'01-2-2009

        *12. Rosalba 22-12-2011*

        *12. Bartolomeo 29-11-2013*

    **11.** Susanna 13-9-1980 c. Alessandro Del Bono il 7-6-2014

        *12. Margherita 4-12-2015*

        *12. Benedetta 30-7-2018*

# Discendenza di Angelo fu Federico 18-4-1901  +2-7-1976
## ( - o - )

*10 Paola 22-8-1944 c. Giovanni (Gianni) Calcagno il 27-6-1970*

**11.** Agostino 13-4-1971 c. Maddalena Paroletti il 5-9-1998

    *12. Alessandra 31-12-2001*

    *12. Emanuele 15-7-2004*

**11.** Benedetto 22-11-1972 c. Gwenn Straszburger il 14-9-2002

    **12.** Maële 16-9-2003

    **12.** Emile 31-12-2005

    **12.** Margaux 31-12-2005

**11.** Veronica 18-10-1977 c. Nisi Magnoni l'8-9-2014

    **12.** Zeno 9-2-2018

            c. Pancho Mazza (+2008) il 22-5-2004


*10. Enrica 10-7-1948 c. Enrico Davide Bona il 24-7-1976*

## Discendenza di Eugenio fu Federico 24-11-1903 +28-3-1971

**9. Eugenio 24-11-1903 +28-3-1971 c. Maria Francesca (Mariuccia) Bozano (+2002) il 19-11-1928**

*10. Lorenzo (Lore) 2-10-1930 +22-8-1992 c. Mariangela (Puin)*
*Dufour (+2010) il 18-7-1953*

**11.** Maria Immacolata 21-5-1954 +19-1-1955

**11.** Eugenio 25-6-1955 +27-6-1955

**11.** Raffaella 11-10-1957 c. Gian Paolo Binda il 30-6-1991

*12. Anna 9-3-1992*

*12. Luisa 9-2-1993 +13-11-1993*

*12. Giovanni 12-11-1995*

**11.** Eugenio (Gin) 11-1-1959 c. Carola Bozano Gandolfi
il 25-2-1984

*12. Marta 6-12-1986 c. Pietro Landenna l'11-7-2015*

**13.** Vittoria 20-11-2016

**13.** Ludovico (Lullo) 2-7-2019

*12. Agnese 12-4-1988*

**13.** Italo Balbi 4-5-2015

*12. Lorenzo 28-4-1992*

**11.** Lorenza 11-6-1960 c. Massimo Tomatis il 9-2-1985

*12. Emilia 20-6-1986*

**13.** Viola Ballarè 13-5-2008

*12. Angela 13-9-1987 c. Simone Ruju il 17-10-2015*

**13.** Filippo 11-1-2013

**13.** Flora 12-8-2016

---

## Discendenza di Eugenio fu Federico 24-11-1903 +28-3-1971 (segue)

---

**11.** Paolo 25-2-1962 c. Cristina Parisi il 17-10-1992

   *12. Eugenio 5-11-1994*

   *12. Roberta 27-8-1996*

   *12. Michele 15-9-2000*

**11.** Maria Teresa (Maie) 10-3-1964 +14-12-2014

**11.** Pio Maria 25-2-1966 c. Alessandra Aiachini il 24-7-1994

   *12. Giacomo 10-3-2002*

   *12. Matteo 10-3-2002*

**11.** Maurizio 28-4-1968 c. Raffaella Burlando il 12-10-1996

*10. Beatrice (Bice) 1-7-1932 +10-1-2022 c. Agostino Dufour*

*il 20-6-1953*

**11.** Maria 11-3-1954 c. Filippo Astrua il 2-7-1977

   *12. Beatrice 26-5-1982 c. Pietro Repetto l'11-4-2015*

      **13.** Alberto 31-5-2017

      **13.** Filippo 14-9-2019

   *12. Pio 15-12-1984 c. Carlotta Maffei il 18-4-2009*

      **13.** Clara 29-5-2013

      **13.** Agnese 17-10-2016

**11.** Luisa 19-7-1958 c. Armando Mosci il 17-11-1979

   *12. Sofia 9-4-1982 c. Lorenzo Sirianni il 10-12-2005*

      **13.** Edoardo 23-7-2009

      **13.** Cecilia 30-9-2011

      **13.** Giorgio 22-4-2016

   *12. Eugenia 19-12-1984 c. Filippo Repetto l'11-9-2010*

      **13.** Francesco 2-1-2013

      **13.** Anna 23-6-2015

      **13.** Elena 14-11-2020

   *12. Agostino 7-7-1989*

---

## Discendenza di Eugenio fu Federico 24-11-1903 +28-3-1971 (segue)

**11.** Chiara 12-2-1960 c. Filippo Castoldi il 9-1-1988

    *12. Matilde 25-9-1989*

    *12. Pietro 28-5-1991 c. Sasha Gorelina il 4-1-2021*

        **13.** Philipp Sergio 28-11-2021

    *12. Michele 24-7-1993 +22-12-1993*

    *12. Carlo 27-8-1996*

**11.** Gustavo 30-8-1961 c. Maddalena Bixio il 25-5-1985

    *12. Giovanni 24-12-1987 c. Irene Poggi il 9-9-2017*

        **13.** Ines 1-11-2019

        **13.** Linnea 27-4-2021

    *12. Lietta 13-6-1991 c. Roderick Bevens il 14-9-2019*

        **13.** Camilla 29-3-2021

    *12. Alfonso 28-1-1995*

**11.** Marco 17-10-1963 c. Giuseppina Ardoino il 12-9-1987

    *12. Maria 5-10-1989 c. Filippo Semino il 27-9-2014*

        **13.** Gregorio 14-2-2016

        **13.** Lavinia 31-5-2018

    *12. Carola 12-5-1992 c. Francesco Caffarena il 12-9-2020*

    *12. Francesca 11-2-1996 c. Giovanni Drocchi il 12-9-2021*

    *12. Lorenzo 15-7-1999*

**11.** Eugenio 1-3-1965 c. Anna Gonano il 27-11-1994

    *12. Matteo 4-11-1999*

    *12. Luca 29-5-2003*

    *12. Alberto 23-12-2005*

    *12. Lodovico 30-8-2011*

## Discendenza di Eugenio fu Federico 24-11-1903 +28-3-1971 (segue)

**11.** Pietro 7-6-1974 c. Barbora Kozakova il 3-11-2001

 *12. Josephine 30-8-2003*

 *12. Antonie 14-2-2006*

 *12. Bartolomeo 24-9-2009*

 *12. Sebastiano 9-7-2013*

 *12. Raffaele 22-1-2016*

*10. Angelo 23-1-1934 +1935*

*10. Giuseppe (Pippo) 30-7-1935 c. Margherita Mantero (+2019)*

     *c. Alessandra Cattanei il 19-10-1960*

**11.** Maria Giuseppina (Maspi) 24-11-1961 c. Camillo de Mojana

        c. Marco Ravano il 31-5-1980

 *12. Anna 12-7-1982 c. Andrea Borri il 30-4-2011*

  **13.** Ludovico 25-3-2013

  **13.** Giacomo 13-5-2016

 *12. Emanuele 5-11-1985 c. Clara Di Benedetto il 13-7-2013*

  **13.** Filippo 21-1-2016

  **13.** Martino 21-1-2016

**11.** Federico 10-4-1963 c. Eugenia Croce il 6-6-1995

 *12. Carla 22-5-1997*

 *12. Giuseppe (Beppe) 15-12-1998*

 *12. Alessandra 29-10-2002*

**11.** Beatrice (Trixie) 21-10-1966 c. Andrea Masera l'1-12-2012

      c. Costantino Fiocchi il 6-7-1988

 *12. Francesca 23-9-1994*

 *12. Giulio 23-9-1994*

---

## Discendenza di Eugenio fu Federico 24-11-1903 +28-3-1971 (segue)

*10. Paolo 19-2-1937 +2-8-1981 c. M. Paola Ichino il 13-5-1972*

  **11.** Carlo 29-6-1974 c. Priscilla Pinotti nel 2008

    *12. Camillo 23-8-2009*

    *12. Clara 13-4-2013*

  **11.** Caterina 8-3-1977 c. Antonino Cutrupi il 3-10-2009

    *12. Anna 19-12-2010*

    *12. Vera 7-3-2013*

*10. Carola 7-2-1939 c. Cesare Martini Donati (+2015) il 4-7-1959*

  **11.** Vittorio 20-3-1960 c. Rassamee Jaigla il 31-3-1996

    *12. Isabella 11-5-1998*

    *12. Valentina 31-1-2005*

    *12. Cesare 1-4-2006*

  **11.** Eugenia 10-6-1962 c. Sandro Travi il 23-3-1985

    *12. Maria 28-12-1985 c. Francesco Bersani il 17-9-2011*

      **13.** Pietro 9-3-2012

      **13.** Matteo 22-3-2014

      **13.** Emma 28-5-2019

    *12. Francesca 21-12-1987*

    *12. Federico 11-12-1991 c Elena Queirolo il 13-3-2021*

  **11.** Lorenzo 30-4-1966 c. Marcella Rosso il 21-9-1985

    *12. Eugenia 12-6-1985 c. Giovanni Cassottana il 12-9-2012*

      **13.** Filippo 14-2-2018

      **13.** Tommaso 18-7-2021

    *12. Michele 8-6-1988 c. Agnese Gatto il 6-9-2014*

      **13.** Ettore 1-6-2017

      **13.** Cosimo 9-8-2019

    *12. Alberto 12-5-1997*

---

Discendenza di Eugenio fu Federico 24-11-1903 +28-3-1971
(segue)

---

### 10. Antonio (Tonino) 24-1-1941 c. Piera Badano il 24-2-1965

**11.** Enrico 16-12-1965 c. Luciana Balestra il 12-6-2008

    *12. Gigliola 16-7-2014*

**11.** Pietro 2-2-1967 c. Valentina Micheletto il 4-10-2003

    *12. Benedetta 31-5-2005*

    *12. Bianca 9-2-2011*

**11.** Alessandro 15-10-1968 c. Livia Zanelli Quarantini

il 27-7-1996

    *12. Beatrice 10-11-1996*

    *12. Riccardo 22-8-2000*

    *12. Alessandra 20-3-2002*

**11.** Michele 1-11-1970 c. Francesca Brida il 24-4-1999

    *12. Alice 21-4-2000*

    *12. Andrea 30-5-2002*

    *12. Matteo 6-8-2005*

**11.** Andrea 3-2-1976 c. Chiara Troubetzkoy il 4-6-2005

    *12. Alessandro 7-9-2006*

    *12. Luca 17-2-2008*

    *12. Antonio 20-8-2012*

    *12. Tommaso 9-2-2018*

### 10. Pio 17-2-1944 c. Rosa Maria Romanengo il 12-9-1968

**11.** Tomaso 29-7-1969 c. Paola Toso il 20-10-1001

    *12. Eugenio 3-3-2007*

    *12. Giovanni 9-9-2008*

    *12. Pio 17-12-2012*

**11.** Marcella 17-8-1972 c. Paolo Romano il 6-7-1997

    *12. Stefano 8-2-1999*

    *12. Lorenzo 23-11-2000*

    *12. Leonardo 13-2-2006*

---

# Discendenza di Eugenio fu Federico 24-11-1903 +28-3-1971 (segue)

## 10. Domenico 27-4-1946 c. Elisabetta Pontremoli il 23-1-1971

**11.** Alessandra 14-9-1972 c. Michele Borlasca il 15-12-2001

**11.** Riccardo 20-10-1974 c. Giulia Chierchia il 17-9-2005

> *12. Beatrice 9-1-2008*
> *12. Edoardo 25-7-2010*

**11.** Carla 9-5-1977

**11.** Antonio 6-11-1980 c. Valentina Lamperti il 9-6-2010

> *12. Jacopo 14-9-2013*
> *12. Sebastiano 1-10-2015*
> *12. Margherita 10-12-2021*

## 10. Alberto 28-7-1947 c. Enrica Minale il 26-6-1975

**11.** Emanuele 24-6-1978 c. Emanuela Torre il 10-9-2005

> *12. Elena 17-12-2008*
> *12. Caterina 17-12-2008*
> *12. Eugenio 26-2-2010*
> *12. Anna 10-8-2012*

**11.** Maria 12-12-1981 c. Tomaso Cuneo Capellino il 26-4-2008

> *12. Carlo 29-4-2009*
> *12. Giacomo 17-4-2011*

## Discendenza di Eugenio fu Federico 24-11-1903  +28-3-1971
## ( - o - )

### *10. Michele 21-8-1948 c. Anna Todeschini il 24-4-1976*

**11.** Matteo 3-5-1978 c. Francesca Vianello il 3-5-2014

*12. Maia 20-7-2017*

*12. Matilde 8-10-2019*

*12. Irene 24-8-2021*

**11.** Nicola 30-3-1980 c. Emanuela Iacono il 6-9-2006

*12. Edoardo 24-9-2008*

*12. Giacomo 24-2-2012*

**11.** Marta 9-11-1982

**11.** Maria Dorella (Lella) 25-4-1984 c. Juan Ratache il 9-1-2016

*12. Mattia 20-6-2015*

*12. Fabrizio 28-9-2017*

### *10. Alessandro (Sandro) 15-2-1951 c. Aline Cirla il 28-9-1974*

**11.** Emma 1-7-1975 c. Pietro Piciocchi il 15-9-2001

*12. Eugenio 17-6-2002*

*12. Raffaele 21-4-2004*

*12. Carina Maria 27-10-2005*

*12. Paolo 30-5-2008*

*12. Agnese 22-1-2011*

*12. Marta 28-2-2014*

**11. Ranieri (Nero)** 1-10-1976 c. Rovena Mali il 18-9-2004

*12. Elena 13-1-2006*

*12. Beatrice 25-1-2010*

## Discendenza di Giacomo II° fu Federico 18-11-1905 +17-3-1977

# 9. Giacomo II° (Giacomino) 18-11-1905 +17-3-1977 c. Anna Maria Romanengo (+1997) il 22-5-1933

*10. Maria Giuseppina 16-9-1934 consacrata del movimento FAC l'8-12-1958*

*10. Pietro (Piero) 27-12-1935 +7-5-2019 c. Giuliana Casnedi il 24-2-1962*

**11.** Roberta 2-8-1964 c. Giuliano Buccino Grimaldi il 22-4-1989

    *12. Piera 30-9-1992*

    *12. Maria Luisa 27-5-1995*

**11.** Anna Maria 11-4-1968 c. Stefano Carini il 29-5-1999

    *12. Marco 30-12-2001*

    *12. Andrea 11-7-2003*

*10. Angelo 2-8-1937 ordinato sacerdote il 29-6-1963*

*10. Andrea 17-7-1939 c. Santina (Cicci) Scolari (+2016) il 2-7-1963*

**11.** Raffaele 19-5-1964

**11.** Francesco 31-5-1965 c. Paola Roero il 14-9-1996

    **12.** Andrea Ernesto 20-1-2008

    **12.** Valentina 17-1-2011

**11.** Giacomo S.J. 12-9-1967 ordinato sacerdote il 22-6-2002

**11.** Giovanni 15-4-1973

*10. Giovanni Battista (Bacci) 25-9-1942 c. Marina Canevali il 2-2-1967*

**11.** Stefano 1-1-1969 c. Ilaria Avegno l'1-7-1996

    **12.** Lucrezia 20-9-2000

    **12.** Costanza 5-11-2014

## Discendenza di Giacomo II° fu Federico 18-11-1905  +17-3-1977 (segue)

**11.** Filippo 1-4-1971 c. Maria Luisa Olivari il 4-7-1998

    *12. Benedetta 20-3-2000*

    *12. Pietro 20-12-2002*

**11.** Chiara 29-5-1974 +11-9-2017 c. Tomaso Pittaluga il 26-2-2000

    *12. Anna 24-3-2001*

    *12. Filippo 24-5-2002*

    *12. Elena 2-11-2004*

    *12. Francesco 2-12-2006*

*10. Emmanuele (Manuel) 10-8-1944*

        *c. Maria Beatrice (Bice) Mosca il 27-5-1970*

**11.** Maddalena 12-9-1971 c. Mark di Rienzo l'8-5-1996

    *12. Owen 1-7-1999*

    *12. Simon 14-12-2001*

**11.** Benedetto 28-8-1973 c. Trevor Allen

**11.** Marta 20-2-1979 c. Daniel Smith il 2-7-2005

    *12. Sebastian Michael 30-7-2008*

    *12. Matteo 12-6-2010*

    *12. Elias 12-11-2012*

*10. Gabriella 22-7-1946 in servizio a Turris Eburnea dal 1968*

# Discendenza di Giacomo II° fu Federico 18-11-1905  +17-3-1977
## ( - o - )

***10. Filippo 1-2-1948 c. Liliana Di Lucca il 7-12-2011***
### *c. Lorraine Crease il 16-6-1972*

**11.** Silvia 2-5-1974 c. Marcelo Adrian Del Gaizo il 6-11-1998

  **12.** *Marco 6-3-2002*

  **12.** *Olivia 22-1-2004*

  **12.** *Juan 7-10-2009*

**11.** Mariana 3-5-1976 c. Vanina C. Rubin l'11-1-2022

  c. Pablo Hardie il 14-11-1996

  **12.** *Santiago 13-5-1997*

  **12.** *Maximo 17-12-2002*

**11.** Maria Paola 5-3-1979 c. Marcelo Cid l'1-4-2004

  **12.** *Mateo 31-5-2001*

  **12.** *Ema 9-10-2004*

**11.** Cecilia 7-12-1985

***10. Josefa 2-12-1950***

## Discendenza di Federico fu Federico 14-11-1911  +30-7-1956

### 9. Federico 14-11-1911  +30-7-1956 c. Maria Pia Romanengo
### (+1956) il 25-5-1935

*10. Francesca (Franca) 15-3-1936 c. Manlio Poillucci (+2006)*
*il 18-4-1966*

**11.** Maria Benedetta (Olly) 8-5-1967 +23-10-2021

**11.** Camillo 4-10-1968

**11.** Federico 1-9-1972

*10 Giovanni 22-7-1938 c. Plinia Gandolfo il 12-1-1961*

**11.** Maria Pia 30-5-1962 c. Stefano Cavallo il 12-5-1990

*12. Beatrice 17-3-1993*

*12. Giorgio 28-9-1994*

**11.** Giovanna 19-12-1963 c. Lazzaro Cepollina il 12-9-1992

*12. Virginia 28-8-1994*

*12. Matilde 25-3-1997*

**11.** Chiara 25-9-1966 c. Paolo Vitale il 4-9-1994

*12. Carlo 19-7-1996*

*12. Eugenia 4-2-1999*

**11.** Federico 4-2-1970 c. Ombrina Pistarino l'11-10-2008

*12. Giovanni 14-9-2010*

*12. Carlo 16-5-2013*

c. Sara Pacetti  il 3-10-1998

*12. Francesca 1-3-2001*

---

## Discendenza di Federico fu Federico 14-11-1911  +30-7-1956
## (segue)

*10. Pier Giorgio 31-12-1942 c. Carol Tidwell il 26-7-2004*

*c. Silvia Vaccari (+1993) il 10-6-1967*

**11.** Allegra 19-6-1970 c. William (Billy) Jewett il 28-6-2014

c. Scott Herman il 9-3-1996

*12. Caroline 16-1-1998*

*12. Henry 31-5-2000*

*12. Bradley 19-12-2003*

**11.** Paolo 16-10-1971 c. Wendy Rhoads il 16-8-2003

*12. Lucas 2-3-2005*

*12. George 21-6-2007*

**11.** Alberto 31-7-1974 c. Christine Leonard il 6-1-2001

*12. Giacomo 7-2-2002*

*12. Marco 4-5-2004*

*12. Alessandro 16-9-2006*

**10. Bernardetta 6-7-1947 c. Fausto Cuocolo (+2006) l'8-5-1971**

**11.** Valentina 29-11-1973  c. Andrea Guerrieri

*12. Martina 24-8-2018*

*c. Marco Diliberto il 27-3-1999*

*12. Pietro 13-1-2003*

*12. Caterina 3-9-2004*

*12. Margherita 7-6-2008*

**11.** Lorenzo 30-4-1975 c. Marta Cambiaso il 2-7-2005

*12. Anna 9-5-2009*

*12. Alessandro 25-3-2012*

*10. Giuseppe Tomaso (Beppe) 23-11-1948 c. Clotilde Fasolis*
*il 24-5-1976*

**11.** Amedeo 9-3-1979 c. Erika Andreatta

---

---

## Discendenza di Federico fu Federico 14-11-1911 +30-7-1956
## ( - o - )

**10. Emanuela 4-4-1951 c. Paolo Secondo il 4-1-1979**

    **11.** Martina 14-9-1980 c. Frank Russo il 20-8-2005

        *12. Joseph (Joe) 17-11-2012*

        *12. Ruby 4-3-2016*

    **11.** Elena 11-12-1982 c. Yali Gutierrez l'1-9-2013

        *12. Matteo 10-11-2016*

        *12. Vincenzo 19-12-2018*

    **11.** Donata 22-1-1988

**10: Federica 13-11-1952 c. Francesco Currò il 14-6-1980**

    **11.** Costanza 11-5-1982 c. Vit Bezdicek

        *12. Zuzana (Zuza) 21-3-2018*

    **11.** Federico 12-1-1985 c. Elsa Pagano il 19-7-2014

        *12. Marco 29-8-2018*

        *12. Luca 2-10-2021*

**10. Michela 30-5-1955 c. Giuseppe (Beppe) Ravazzolo l'1-7-1978**

    **11.** Pietro 24-4-1981 c. Maria Luz (Mary) Principe il 29-8-2015

        *12. Matilde 2-9-2012*

        *12. Pablo 22-10-2015*

    **11.** Alberto 3-6-1983 c. Enrica Cantarini il 25-6-2011

        *12. Saverio 8-8-2012*

    **11.** Lucia 3-10-1993

# RINGRAZIAMENTI

Agnese, Caterina, Nicola, Giovanni
Giacomo, Crisu, Emanuela
Giovanna, Maddalena
Bice, Katty, Graziella
Aurelia, Enrico, Adele
Ludovica, Donata, Roberta
Ina, Vincenza, Sergio, Alberto
Francesco, Elisabetta, Stefano
Federico, Anna, Domenico, Piera
Franco, Gabriella, Vittorio, Antonietta
Giusi, Enrica, Sandro, Paola, Beppe
Raffaella, Carola, Lilla, Eugenio

Rapallo - 1937 (Archivio Eugenio Costa)